AF332208

COLLECTION

DES

BARONS HALLER VON HALLERSTEIN

QUATRIÈME PARTIE

LIVRES ANCIENS

SUR

L'HISTOIRE DE FRANCE ET L'ARCHITECTURE

COLLECTIONS DE COSTUMES, ORNEMENTS POUR DÉCORATEURS
ET SCULPTEURS, PLANS ET VUES DE PARIS, DE VILLES DE PROVINCE
ET DE LONDRES

DONT LA VENTE AURA LIEU

Vendredi 19 et Samedi 20 Avril 1861, à 7 heures du soir

RUE DES BONS-ENFANTS, N° **28** (SALLE SILVESTRE)

PARIS, 1861

Mᵉ BOULOUZE
Commissaire-Priseur
RUE OLIVIER
N° 14

M. CLEMENT
Marchand d'estampes de la Bibliothèque
impériale
RUE DES SAINTS-PÈRES, N° 3

ORDRE DES VACATIONS.

Vendredi 19 Avril.	*Samedi 20 Avril.*
147—242	28—120
121—146	1— 27

CONDITIONS DE LA VENTE.

Les adjudicataires payeront, en sus du prix des adjudications, cinq centimes par franc, applicables aux frais.

Les livres vendus devront être collationnés sur place dans les vingt-quatre heures. Passé ce délai, ou une fois sortis de la salle de vente, ils ne seront repris pour aucune cause.

Les articles au-dessous de 12 fr. ne seront admis à rapport que dans le cas où ils seraient incomplets par l'enlèvement de feuillet ou portion de feuillet emportant du texte. Ils ne seront pas repris pour taches, mouillures, déchirures, piqûres et autres défectuosités.

Les livres et gravures seront exposés les jours de la vente, de 1 heure à 3 heures.

COLLECTIONS DES BARONS IMHOFF ET HALLER.

La première partie (Estampes de maîtres),
La seconde partie (Livres allemands et latins),
La troisième partie (Manuscrits et autographes),
ont été vendues à Nuremberg aux mois de novembre 1860 et janvier 1861.

La vente de la quatrième partie, contenant les PORTRAITS FRANÇAIS et ANGLAIS, plus de 4000 pièces, aura lieu à PARIS, vers la fin du mois de mai 1861. (M. CLEMENT, expert.)

Les sixième et septième parties, contenant les portraits allemands, russes, polonais, valaques, etc., seront vendues à Francfort-sur-le-Mein et à Cologne dans le courant de l'année.

CATALOGUE

DE LA COLLECTION

DE

LIVRES ET ESTAMPES

FORMÉE VERS 1680

Par le baron J. W. IMHOFF

Et continuée

Par CHRÉT. JOAQUIM baron HALLER DE HALLERSTEIN.

QUATRIÈME PARTIE.

Architecture, Histoire, Ornements, Plans, Vues.

I. *Livres, Collections.*

1. Icones evangeliorum, ou figures des Évangiles et de la Passion, publiées par Josse Amman (avec texte en vers allemands par C. Lautenbach). *Francfort*, 1587, in-4 obl. cart.

> Bel exempl.
> Recueil de 92 belles planches, grav. en bois par J. Amman et ses élèves. Cette édition est tellement rare que Becker (Monographie de l'œuvre de J. Amman, p. 13) n'a jamais pu en trouver un exemplaire.

1 bis. Kunstliche und wolgerissene Figuren (figures de la Bible, de la Passion, etc., par J. Amman). *Francfort*, 1579, in 4, cart.

> C'est un ouvrage tout à fait différent du numéro précédent, dont les gravures sur bois sont beaucoup plus grandes.

2. Saints. Gloriosorum Christi confessorum Uldarici et Symperti, nec non beatissimæ martyris Afre historia. *Imprimebat nostri expensis cœnobii (S. Uldarici et Aphræ) Siluanus Oimar*, 1516, 2 part. en 1 vol. (dont la seconde partie en goth.), veau gauffr. (Rel. orig.)

> Ouvrage orné de six belles gravures en bois par H. Burgkmaier; elles étaient inconnues à Bartsch.

3. **Apôtres**. Die zwelff Artickel unsers Christlichen glaubens. *Wittenberg, Schnellboltz*, 1561, pet. in-4, bordure à chaque page, non rel.

> Très rare.
> Belles gravures sur bois, représ. N. S. Jésus-Christ et les apôtres, d'après Luc Cranach.

4. **Salvatoris**, beatæ Mariæ Virginis, sanctorum Apostolorum icones, a J. Callot inventæ, sculptæ, et a Israele amico suo in lucem editæ. *A Paris*, 1631, pet. in-4, veau f. fil. tr. dor. (Anc. rel.)

> Très bel exemplaire.

5. **Lux claustri**. La lumière du cloître. *Augsbourg*, s. d., 27 planches, par Kolb d'après Callot, cart.

6. **Danse des morts**. Spiegel om wel te sterven, c'est-à-dire : Miroir de la bonne mort, par D. Vigne. *Amsterdam, s. d.* (vers 1693), in-4, cart. non rogn.

> Cet ouvrage, qui s'annexe à la collection des Danses des morts, contient 42 planches finement gravées par Romein de Hooge. Premières épreuves.

7. **Le triomphe de la mort**, gravé d'après les dessins originaux de Jean Holbein, par Chr. de Mechel. *Basle*, 1771, gr. in-4.

> *Epreuves non terminées*, retouchées au crayon; 42 pièces et les deux fourréaux de poignard.
> Exemplaire unique.

8. **Images des saints** et saintes issus de la famille de l'empereur Maximilien Ier, d'après les dessins de Hans Burgmaier. *Vienne*, 1799, gr. in-fol. cart.

> Recueil, devenu rare, de 119 grandes planches, gravées en bois, dans les années 1517 et 1518, et tirées en partie pour la première fois en 1799. Elles ont été gravées par H. Franck, G. Liefrinck, A. Lindt, J. de Negker, W. Resch, H. et G. Taberith, N. Seemann.

9. **Traité des pierres** gravées, par P.-J. Mariette (avec une bibliothèque dactyliographique). *Paris*, 1750, 2 vol. pet. in-fol. fig. veau f. fil. tr. dor.

> Belle reliure ancienne.

10. **Bosse**. De la manière de graver à l'eau-forte et au burin, et de la gravure en manière noire. *Paris, Jombert*, 1745, in-8, fig. veau marbr.

11. **Alberti**. La pittura di L.-B. Alberti, tradotta per M. L. Domenichi. *Vinegia, Giolito*, 1547, pet. in-8, bas.

12. **Sentimens** des plus habiles peintres sur la pratique de la peinture et sculpture, par H. Testelin. *Paris, Cramoisy*, 1696, in-fol. fig. bas. (Aux armes.)

13. **Il laberinto** de groppi, o sieno tiri o trati di penna artificiosi e naturali, del secret. Honorato Tiranti di Saorgio, libro settimo. *Torino*, 1655, in-fol. obl. vél.

> 5 ff. prél. en caract. mobiles, 36 planches grav. sur cuivre chiffr., plus 8 ff. de gravures en bois.

14. **The young penmans** daily practice by Josephus Champion. *London*, 1759, in-fol. portr.

15. **Comiêça** el libro llamado Vision delectable de la philosophia y de las artes liberales, compuesto por Alfonso de la Torre, bachiller. *Salamanca, Jac. y Juan Cronberger*, 1526, pet. in-fol. goth. curieuses gravures en bois, v. (Incomplet.)

16. **Il laberinto** del clarissimo signor A. Ghisi, nel qual si contiene una bellissima ed artificiosa tessitura di due mille ducento sessante figure che

aprendolo tre volte, con facilita si sia immaginata. *In Venetia, 1607, appresso Francesco Rampazetto*, gr. in-fol. parch.

Titre et 22 feuillets entièrement gravés en bois, contenant 2260 gravures en bois qui se répètent en partie. L'exempl. est assez bien conservé.

17. Jeu de 34 cartes à jouer françaises en or et couleurs. (Le roi de cœur représente Louis XIV.) Cartes curieuses, mais mal conservées, format des cartes à jouer ordinaires.

18. Galeriæ Farnesianæ icones Romæ in ædibus ducis Parmensis ab Annibale Caraccio a Petro Aquila delin. incisæ 24 tab. Romæ. — Barberinæ aulæ fornix Romæ Petri Berettini pict. etc. 10 tab. Ibid. — Psyches et Amoris nuptiæ a Raphaelo Santio in Farnesianis hortis Romæ express. a Borigny del. et inc. 12 tab. Ibid. 1693.—3 vol. en un, gr. in-fol. obl. d.-rel.

Très belles épreuves.

19. La galerie électorale de Dusseldorf, ou catalogue raisonné et figuré de ses tableaux.... par N. de Pigage. *Basle, Mechel*, 1778, 2 vol. in-fol. obl., 30 planches avec 365 sujets, cart. non rogn.

Ancien tirage.

20. Collezione di quadri scelti di Brescia, disegnati, incisi ed illustrati da A. S. (Sala). *Brescia*, 1817, gr. in-fol.

Trente planches au trait, représ. des tableaux de G. Bellini, du Titien, du Tintoret, de Rubens.

21. Joannis Guilelmi Baurn Iconographia; complectens in se passionem, miracula, vitam Christi universam, prospectus portuum, etc. A Melchiore Kyssell. *Aug. Vindel.* incis. 1670, 148 planches, gr. in-fol. obl. cart.

Eaux-fortes remarquables. La vie de Jésus-Christ; — Vues de villes italiennes, avec les costumes des habitants, etc.

22. Gerardi de Lairesse, Leodiensis pictoris, opus elegantissimum, ipsa manu tam æri incisum quam inventum et per Nicol. Visscher editum. Nunc prostant apud Ger. Valck. S. d., très-grand in-fol. cart.

Œuvre complète du maître, en partie gravée par lui-même, en partie par Bloteling, G. Valck, etc. 164 planches.

23. Différents ouvrages de J. Catz (en hollandais). *Amsterdam, Jan Schipper*, 1656, 5 vol. en un, in-4, vél.

Belles eaux-fortes.

24. Lo Tasso Napoletano; zoe la Gierosalemme libberata de lo sio Torquato Tasso, votata a llengua nosta da G. Fasano. *Napole*, 1689, in fol. fig. en taille-douce, parch.

25. Recueil de caricatures (dont une grande partie du Callotto resuscitato), 1 vol. in-4 obl. cart.

Les planches de cette collection factice ont été gravées vers 1700.

26. Regola delli cinque ordini d'architettura di M. J. Barozzio da Vignola. *Roma, Rossi*, s. d., in-fol. 40 pl. bas. (Aux armes.)

27. Viator. La perspective de Viator, traduite de latin en françois par maistre Estienne Marihelange, avec les figures *gravées à la Flèche* par Mathurin Josse, 1625, in-8, veau ant.

Bel exempl. d'un volume de la plus grande rareté. Ce recueil, composé de 53 feuillets, avec 61 figures gravées sur cuivre d'une pointe fine, devait être accompagné d'un texte qui n'a paru qu'en 1635. Il se trouve dans notre exemplaire, qui contient à la fin 5 planches non chiffrées du même artiste qui n'ont pas de rapport avec les gravures chiffrées.

Voir pour d'autres détails sur ce précieux volume l'édition de la *Perspective de Viator*, in-fol., publiée en 1860 par la librairie Tross.

28. **Epipolimetrie**, ou art de mesurer toutes superficies. Comprenant la manière de bien dessiner, former, transmuer ou changer, mesurer et partager tous plans quelconques, en quoy est demonstré la pratique des VI premiers livres d'Euclide. Œuvre nécessaire aux géomètres, arpenteurs, géographes, architectes, sculpteurs, peintres, artisans, etc. Par J. l'Hoste. *Saint-Mihiel, Fr. du Bois,* 1619, XXXII et 112 pages, pet. in-fol., parch.

29. **Le due regole** della prospettiva prattica di J. Barozzi da Vignola. *Roma, Mascardi,* 1644. — La prospettiva pratica di Bernardo Contino. *Venetia, Hertz,* 1684. — 2 vol. en un, in-fol., fig. en bois, bas. (Aux armes.)

    La *Perspective* de Vignola se trouve difficilement.

30. **Novo teatro** di machine et edificii per varie et sicure operationi, di V. Zonca. *Padova, Bertelli,* 1621, in-fol. fig. non rel.

    On trouve dans ce livre rare la représentation des machines pour l'imprimerie en taille-douce et pour celle des livres, pour une filature à plusieurs centaines de broches, etc.

31. **Grapaldi** de partibus ædium lexicon utilissimum. *Basileæ, Walderus,* 1532, pet. in-4, vél.

32. **La cathédrale** d'Augsbourg. Vues, plans et profils, détails, représ. des célèbres portes de bronze fondues au Xe siècle. 28 planches, Jos. Bergman del. et fecit. Très-grand in-fol. dans un carton.

    Suite complète, très rare.

33. **Livre d'architecture**, contenant les plans, etc.; de 50 bastiments, par Androuet du Cerceau. (*Paris,* 1559,) in-fol.

    Manque le texte, et les premières planches sont en mauvais état.
    On a ajouté 5 planches gr. in-folio entourées de riches arabesques dans le genre de Vico, très belles pièces.

34. **Emblemata** D. A. Alciati. *Lugduni; M. Bonhomme,* 1551, fig. en bois du petit Bernard et bordures à chaque page, peau de tr.

    Piqûre aux premiers feuillets.

35. **Diterlein.** Architectura von Ausstheilung und Proportion der fünff Säulen, und aller darauss volgenden Kunst von Fenstern, Caminen, Thürgerichten, Portalen, Brönnen und Epitaphien. Durch *Wendel Dietterlin,* Maler zu Strassburg. *Nürnberg, Balthasar Caymox,* 1598, gr. in-fol. vél.

    Bel exemplaire, parfaitement complet, avec le portrait, et dans toutes ses marges. Titre imprimé en rouge et noir. —

36. **Lot de gravures** d'ornements d'Étienne de Laune, de Dietterlein et autres. 20 pièces différ. formats.

37. **Variæ architecturæ** formæ a Joanne Vredemanni Vriesio artis hujus studiosorum commodo inventæ. *Antverpiæ, Gallæus,* 1601, 20 pl. et titre. — Perspectiva durch Hans Friedman Friez. *Antverpiæ, G. de Jode,* 1568. — In-fol. obl.

38. **Collection** factice d'arabesques de B. Pittoni, pittore venetiano. *Venetia,* 1566, une cinquantaine de planches, gr. in-4, cart.

39. **Perspectiva** corporum regularium. Durch Wentzel Jamnitzer, Goldtschmidt in Nuremberg. (*Frankfurt*), 1568, gr. in-fol. fig.

    Bel exempl.
    Volume très rare, gravé en taille-douce par Jost Amman. Les sept titres sont des chefs-d'œuvre d'ornementation, compos. d'anges, de fruits, de fleurs, guirlandes, instruments de musique, etc.

40. Livre de grotesques de Chr. Jamnitzer, 20 planches d'ornementation, in-4.

(Nagler ne cite de cette suite grotesque et rare que 19 pièces.)

18 —

41. XII primorum Cæsarum et LXIIII ipsorum uxorum effigies, collectæ per Levinum Hulsium. *Frankfurt*, 1597, in-4, vél.

Jolies gravures et ornements, sujets pour pendules, etc.

8 —

42. Portrait de la pyramide dressée devant la porte du Palais, avec privilége du roi, 1597, Jean le Clerc exc. *Paris*, par Jean le Clerc, 1598.

Placard avec texte imprimé en caract. mobiles; hauteur 48 cent., largeur 60 cent.

4 —

43. Dentelles et broderies riches. Le nouveau livre de dessins et modèles pour dentelles et broderies, par Andrea Kharn (avec un titre en allemand). S. l., 1626, 75 planches in-4 obl. cart.

Belle collection de la plus grande rareté, peut-être unique.

44 —

44. Cabinet de l'art de sculpture, par le fameux sculpteur Francis van Bossuit, exécuté en ivoire ou ébauché en terre. Grav. d'après les dessins de B. Graat, par M. Pool. *Amsterdam*, 1727, gr. in-4, 103 planches, veau.

Très bel exemplaire en grand papier.

18 —

45. Joh. Noppii Aacher Chronick. (Chronique d'Aix-la-Chapelle.) *Cologne*, 1632, in-fol. vél.

Première édition, très rare, qui contient deux belles planches grav. par W. Hollar : a) *Les reliques d'Aix-la-Chapelle* (29 sujets sur une grande feuille). EPREUVE AVANT L'ADRESSE DE HOGHENBERG. (Très rare. 4 L. 1 sh. Towneley.) — b) *Vue de l'église Notre-Dame.* EPREUVE AVANT L'ADRESSE DE HOGHENBERG. Les autres planches ont été gravées par Hoghenberg et autres.

24 —

46. Le magnifique chasteau de Richelieu, ou les plans, les elevations et profils, par Jean Marot. In-fol. obl. plus 4 planches par Perelle.

Les 3 ff. de texte en car. mobiles s'y trouvent.

18 —

47. Morceaux de caprice à divers usages, inventés par François de Cuvilliés, conseiller et architecte de Sa Majesté Impériale. *Munich, chez l'auteur, et Paris, chez Poilly*, 1746 et suiv., 4 vol. gr. in-fol., un vol. pet. in-fol. obl., et un carton.

Plus de 650 planches. Belles épreuves. Cuvillier, né à Soissons en 1698, était un des architectes et décorateurs les plus célèbres de la première moitié du XVIIIe siècle ; la collection contient des décorations, meubles, serrurerie, etc.

L'œuvre de cet artiste, publiée à l'étranger, se trouve difficilement. (Voir la notice de M. Bérard.)

Notre exempl., qui contient beaucoup de planches de Cuvillier fils et un feuillet de texte, est relié comme suit :

Le premier volume en bas. tr. ciselée en or et couleurs, 2 vol. en d. rel. vél., 1 vol. gr. in-fol. obl. et 1 vol. pet. in-fol. obl. d. rel. vél. Les pièces contenues dans le carton sont en partie très rares, elles proviennent de la famille Cuvillier. — Les exemplaires qui contiennent autant de planches sont fort rares.

400 —

48. Cent quatre planches de Cuvilliés, serrurerie, arabesques, candélabres, miroirs, panneaux, jardins, lambris, caprices, etc., gr. in-fol. d.-rel. vél.

110 —

49. Quatorze dessins à la plume, à la sanguine, au crayon ou en couleurs ; cadres, ornemens, architecture, par Nilson, Cuvilliés et autres, plus 5 dessins d'orfèvrerie du XVIIe siècle.

Ces dessins sont en général d'un grand format.

44 —

50. Briseux. L'art de bâtir des maisons de campagne, où l'on traite de leur distribution, de leur construction et de leur décoration, par C. G.

88 —

Briseux. *Paris, Prault,* 1743, 2 vol. in-4 avec 260 planches par Babel et autres, veau.

51. **Arabesques**, ornements, vases, etc., par G.-L. Cauvet, et grav. par Petit, Liottier, Hemery et autres. (*Paris,* 1774,) 63 planches très-gr. in-fol. cart.

    Quelques planches ont été tirées en rouge. Très rare.

52. **Décorations**, meubles, ornements, etc., par Boucher. *Paris, Chereau,* s. d., 65 planches in-fol. cart.

53. **Les sens.** Bouchardon inv. et del. Gravé à l'eau-forte par C., et terminé au burin par Et. Fessard. *Paris, Joullain,* s. d., 5 pl. gr. in-fol., cart.

54. **Nouveaux trophées**, ou cartouches reprós. les arts, inventés par Marillier. *Paris,* s. d., 12 planches gr. in-fol. br.

55. **Plafond** de la chambre du lit de M. le baron de Tessin, surintendant des bâtiments du roi de Suède, peint en couleur sur un fond d'or dans son hôtel de Stockholm, par S. le Clerc. Maria Philippina Kuslen fecit. 10 planches pet. in-4.

56. **Cahier de tables** et consoles avec leurs plans, par La Londe. *Paris, Chereau,* s. d., 6 pl. — Meubles, par Habermann. *Augsbourg, Hertel,* s. d., 4 planches. — 1 vol. in-fol. cart.

57. **Ornements** pour embellir les chapiteaux, frizes et corniches, par J. le Pautre. *Paris, Jombert,* s. d., 6 pl. in-fol. cart.

58. **Premier (au huitième) cahier** d'arabesques, dess. par Texier, Lavallée, Poussin et autres, et grav. par Guyot et Le Campion. *Paris,* s. d., 32 planches, 8 part., 1 vol. in-fol. cart.

59. **Conquêtes** de Louis le Grand. Seb. le Clerc del., exc. Jerem. Wolf, et d'autres planches, en tout 26, différ. formats.

60. **Jérusalem** délivrée, poëme de Tasse. Nouvelle traduction. *Paris, Musier,* 1774, 2 vol. gr. in-8, fig. et doubles vign. de Gravelot, v. éc. fil. tr. dor.

61. **Topographia Galliæ**, ou Collection des vues de la France. Beschreibung von Frankreich. *Francfort,* 1655-61, 13 part. en 3 vol. in-fol. fig. vél.

    Ouvrage orné de centaines de gravures par Merian. L'explication des plans de Paris se trouve dans notre bel exemplaire. Les 4 grands plans et vues de Paris y sont intacts.

62. **Perelle.** Soixante planches de Perelle, vues de Paris et des environs. In-fol. obl. cart.

63. **SILVESTRE PERELLE** et autres graveurs de la même époque. Collection de vues de France (en grande partie de Paris), in-fol. obl., in-4, in-8.

    Plus de 500 pièces en partie en doubles épreuves. Rares.
    Cette collection sera divisée et vendue en lots.

64. **Vues de villes de France**, particulièrement de Paris, gravées aux XVIIe et XVIIIe siècles. 50 pièces en différ. formats.

65. **Topographia Alsatiæ**, ou Description exacte de l'Alsace (avec un texte en allemand). *Francfort,* 1642, in-fol. fig. vél.

    Grand nombre de vues et plans par Merian : Strasbourg, Colmar, etc.
    Dans le même volume se trouve : Topographia archiepiscopatuum Moguntinensis, Trevirensis et Coloniensis. 1646.

66. **Topographia Alsatiæ** completa. *Francfort, Merian,* 1663, in-fol. fig. vél.

67. **Topographia Helvetiæ**, Rhætiæ et Valesiæ (avec texte allemand). *Francfort,* 1664, grand nombre de vues et plans par Merian, cart.

    On y trouve entre autres une vue de Mulhouse.

68. **Les costes** de la France sur l'Océan et sur la mer Méditerranée, dédiées au Dauphin. *Paris,* 1695, in-fol. obl. 18 planchés et 3 ff. prél.

69. **L'histoire** de la ville de Paris, par D. Mich. Felibien, augmentée et mise au jour par D. Guy-Alexis Lobineau. *Paris,* 1725, 5 vol. in-fol. plans et fig. v. marbr.

    Ex. en grand papier.

70. **Marot.** Foire de La Haye, avec les bourgeois sous les armes, saluans Leurs Altesses Royales. Dédiée au prince d'Orange par Dan. Marot. Hauteur 65 cent., largeur 92.

    Planche rarissime.

71. **Speculum** romanæ magnificentiæ. Collection de planches (en partie montées). 122 pièces gravées de 1543-1575, très gr. in-fol. bas. (Aux armes.)

    Cette collection, publiée à Rome par Lanfreri, est composée de planchés gravées par *Du Perac, Brambilla, Corn. Bosse, Béatricet de Lorraine, Ligorio, Enée Vico, Ambr. Bram, J. Bosse* et autres. Les dernières planches représentent des cérémonies.

72. **A book** of the prospects of the remarkable places about the city of London, by Rob. Morden (du temps de Charles II). 31 planches in-4 obl. parch.

73. **Vingt-quatre planches** très gr. in-fol. Sutton Nicholls delin. et sculps.

    Vues de parties de Londres, très bien gravées.

74. **The seats of the nobility** and gentry, in a collection of the most interesting and picturesque views, engraved by W. Watts. (*London,*) *Watts,* (1779-86,) in-4 obl. veau.

    Quatre-vingt-quatre jolies gravures, avec texte, en premières épreuves, avant l'adresse de Boydell.

    Dans le même volume se trouve une autre suite de 16 planches (avec texte) dans le même genre : *The seats of the nobility and gentry in Great Britain and Wales, by W. Angus,* 1787.

75. **Suite** de vingt eaux-fortes, grav. par Hagedorn en 1743 et 1744. In-4 obl. cart.

    Très rare.

76. **Le grand théâtre** du duché de Brabant, par J. le Roy (avec texte en hollandais). *La Haye,* 1730, in-fol., grand nombre de vues de châteaux, villes, etc., d. rel. non rogn.

77. **Admirandorum** quadruplex spectaculum (Prima pars. Conspectus amœnissimi in Germania ad Rhenum. — II. Loo et les châteaux du roi Guillaume. — III. La Haye. — IV. Amsterdam); — delectum, pictum et æri incisum per Johannem van Call. *Amstelodami, Schenck,* (vers 1690,) 4 vol. en 1 in-4 obl. vél. cordé, à compart. dor.

78. **Vingt-quatre feuilles**, gr. in-fol. oblong, représ. les châteaux du roi de Dannemarck et autres vues danoises.

    Planches exécutées dans le genre de Rigaud. Epreuves avant la lettre.

79. **Solennités** qui se sont passées à Stockholm, capitale du royaume de Suède, dans les années 1771 et 1772, consistantes en des décorations, emblèmes, inscriptions, etc., par P. Floding. *Stockholm, 1772*, in-fol. cart.

80. **Couvents**, églises, palais, etc., qui se trouvent à Vienne, dess. par S. Kleiner, architecte, et grav. par Corvinus. *Augsbourg, Pfeffel, 1724-25*, 2 titres gravés, 2 dédicaces, 2 frontisp. et 66 planches, 2 vol. in-fol. obl. cart.

    Avec la grande planche représ. la cathédrale de Saint-Etienne, à Vienne.

81. **Miniature** du XIVe siècle *sur vélin*. Comme nostre tres chier et doubte sire le duc de Normandi ait fait appeler à Paris 1356 les trois estats du royaume. Pet. in-fol.

    Le commencement d'un manuscrit. 2 feuillets avec une miniature.

82. **Histoire** civile et consulaire de la ville de Lyon, justifiée par chartres, titres, chroniques, manuscrits, autheurs anciens et modernes, et autres preuves, avec la carte de la ville comme elle était il y a environ deux siècles. Par le P. Cl. Fr. Menestrier. *Lyon, 1696*, in-fol. fig. v. marbr.

    Le grand plan y est intact. Bel exempl. d'un ouvrage rare et recherché.

83. **Histoire de Bresse** et de Bugey, Gex et Valromey, avec les preuves, par Samuel Guichenon. *Lyon, Huguetan, 1650*, 4 part., blasons grav. — Le parlement de Bourgogne, par P. Palliot. *Dijon, Palliot, 1649*, grand nombre de blasons grav. en taille-douce. — Traité de la chambre des comptes de Dijon, par H. Joly. *Dijon, Palliot, 1653*. — 3 ouvrages en 1 vol. in-fol. peau de tr.

    Beaux exemplaires. L'ouvrage de Guichenon est devenu très rare; l'exempl. contient les preuves.

84. **Les mémoires** historiques de la Répub. Sequanoise et des princes de la Franche-Comté de Bourgogne, par Lois Gollut. *Dôle, Ant. Dominique, 1592*, in-fol. vél.

85. **Description historique** de Dunkerque, avec une description exacte de ses principaux édifices, etc., par M. Pierre Faulconnier. *Bruges, 1730*, in-fol. front. et fig. vcau.

86. **Les mémoires** de Mich. de Castelnau, sieur de Mautissière, illustrés et augmentés de plusieurs commentaires. Avec l'histoire de la maison de Castelnau, et les généalogies de plusieurs maisons illustres, etc., publ. par J. Le Laboureur. *Bruxelles, 1731*, 3 vol. in-fol. fig. et blasons, v. marbr.

87. **Mémoires de Condé**, servant d'éclaircissement et de preuves à l'histoire de De Thou, enrichis d'un grand nombre de pièces (par D. F. Secousse). *Londres et Paris, 1743-45*, 6 vol. in-4, fig. et portraits, veau marbr. fil. tr. dor.

    Bel exemplaire sur *grand papier de Hollande*.

88. **Histoire généalogique** de la maison de Vergy, justifiée par chartes, titres et autres bonnes et certaines preuves. Enrichie de plusieurs figures et divisée en dix livres, par André du Chesne. *Paris, 1625*, in-fol. blas. veau. (Aux armes.)

89. **Histoire véritable** de la mort déplorable de madame la marquise de Ganges, empoisonnée et massacrée par l'abbé et le chevalier de Ganges, ses beaux-frères, le 13 may 1667. *Lyon, Jullieron, 1667*, in-4, broch.

    Edition originale, très rare.

90. **Histoire** du vicomte de Turenne, maréchal des armées du roi. *Paris*, 1735, 2 vol. in-4, fig. veau fil.　　　*3 —*

91. **L'entrée triomphante** de LL. MM. Louis XIV et de Marie-Thérèse d'Austriche dans la ville de Paris. *Paris*, 1662, gr. in-fol. fig. v. marbr.　　　*14 —*

92. **Tapisseries du roy** ou sont representez les quatres elemens et les quatre saisons de l'année. *Paris*, s. d. — Plus 6 grandes planches doubles : Renouvellement d'alliance entre la France et la Suisse, 1663. — Siége de Tournay. — Siége de Douay, 1667. — Deffaite de l'armée espagnole, 1667. — Mariage de Louis XIV, 1660. — Entretien de Louis XIV et Philippe II. — Leclerc sculps. 1680, Jeaurat sculpt. 1728-31, etc. En tout 34 planches gr. in fol. cart.　　　*34 —*

93. **Représentation** dans la vraie grandeur de la couronne de pierreries qui a servi au sacre de Louis XV, grav. par Antoine. 25 oct. 1722. Très-grand in-fol.

94. **Funerale** celebrato nella chiesa di S. Antonio della natione portoghesa in Roma, per la morte del ré di Portogallo D. Pedro II. 1707. 4 ff. de texte in-4, et 12 planches gr. in-fol. par Fontana et autres.　　　*9 —*

95. **Description des fêtes** données par la ville de Paris à l'occasion du mariage de Mlle Louise-Elisabeth de France, et de Dom Philippe, infant et grand amiral de l'Espagne. *Paris, le Mercier*, 1740, très grand in-fol., avec 13 planches dess. et grav. par J.-F. Blondel, maroq. rouge, dent. tr. dor. (Aux armes de la ville de Paris.)　　　*56 —*
　　　　Ex. rel. par Padeloup.

96. **L'entrée** de l'empereur Sigismond à Mantoue, gravée en vingt-cinq feuilles d'après une longue frise exécutée en stuc sur un dessin de Jules Romain. Par Antoinette Bauzonnet Stella. *Paris, Joubert*, s. d., in-fol. obl. n. rel.　　　*4 —*

97. **Los vivos retratos** de todos los emperadores desde Julio Cesaro hasta el emperador Carlos V, y don Fernando su humano. Por Huberto Goltzio, pintor. *Anvers*, 1560, in-fol., grand nombre de portraits imprimés en bistre et en clair-obscur, parch.　　　*9 —*

98. **Pauli Jovii** vitæ illustrium virorum, tomis duobus comprehensæ et propriis imaginibus illustratæ. *Basileæ, Petrus Perna*, 1577, 3 tom. en 1 vol. in-fol. vél. cordé.　　　*14 —*
　　　　Bel exempl.
　　　　Le volume, qui est orné d'un grand nombre de beaux portraits, grav. en bois et en
　　　tourés de bordures, contient aussi les empereurs turcs et les portraits des hommes
　　　illustres dans les lettres.

99. **Vite** de gl' imperatori di Turchi, con le loro effigie, intagliate in rame e datte in luce da Pietro Bertelli. *Vicenza*, 1599, pet. in-fol. cart.　　　*3 —*

100. **Geslacht-Boom** der Graven van Nassau, par Jan Orlers. *Leyde*, 1616, in-fol. 16 portraits grav. s. cuivre, vél.　　　*3 —*

101. **Georgii Merulæ** Alexandrini antiquitatis vicecomitum libri X. Duodecim vicecomitum, Mediolani principum, vitæ. — Philippi Mariæ, vicecomitis Mediol. ducis III, vita, auct. P. Candido. *Mediolani, hæred.* *M. Malatestæ*, 1630, in-fol. portr. grav. sur cuivre, vél.　　　*7 —*

102. **Collection** de 50 portraits français et anglais dans un volume in-4, par Moncornet et autres, rel. en parch.　　　*6 —*

103. **Jar. Verheidenii** imagines et elogia præstantium aliquot theologorum (hereticorum), opera Fr. Roth-Scholz. Wiclef, Huss, Savona-　　　*4 —*

rola, Erasme, Luther, Calvin, Diaz, etc. *Hagæ*, 1725, in-fol. portr.
grav. sur cuivre, cart.

104. Thurnierbuch, etc. C'est-à-dire : Livre de tournois, par Ruxner.
— Description des joutes, carrousels, etc., donnés à Vienne par l'empereur Maximilien. *Francfort, Feyerabend*, 1578, 2 part. en 1 vol. in-fol.
peau de truie gauffr. ferm. (Belle reliure datée de 1580.)

Avec un grand nombre de jolies gravures en bois par J. Amman. La grande planche pliée (qui manque souvent) se trouve deux fois dans notre exemplaire.

105. Fr. Modii pandectæ triumphales. Pomparum et festorum ac so-
lemnium apparatuum, conviviorum, spectaculorum, naumachiarum,
ludorum, etc., tomi II. *Francfort, Feyerabend*, 1586, in-fol., vél.

Cet ouvrage, en partie traduction du livre cité sous le numéro précédent, contien
les mêmes gravures sur bois. La grande planche s'y trouve également. Très bel exemplaire.

106. Devises heroyques et emblemes de M. Claude Paradin, reueues
et augmentées de moytié. *Paris, Rolet*, 1621. — Discours du traicté des
devises, où est mise le raison et difference des emblèmes, par François
Amboise, baron de La Chatre-sur-Loire, publ. par Adr. d'Amboise. *Paris,
Bontonnet*, 1620, 2 vol. en un, pet. in-8, v. fauve, fil. (Anc. rel.)
Grand nombre de charmantes figures en taille-douce.

107. Nobilitas politica vel civilis, personas scilicet distinguendi et ab
origine inter gentes, ex principum gratia nobilitandi forma (præcipue apud
Anglos). *Londini*, 1608, in-fol. cart.
Bel exempl.
Charmants costumes et portrait de la reine Elisabeth, de la grandeur des pages.

108. Statuta hospitalis Hierusalem. (*Romæ*, 1584,) in-fol., grand nombre de portraits et autres gravures sur cuivre, parch.

109. Le vray theatre d'honneur et de chevalerie, ou le miroir he-
roïque de la noblesse, par M. de Wilson sieur de la Colombière. *Paris,
A. Courbé*, 1648, 2 tomes en 1 vol. in-fol. fig. vél. cordé.
La grande planche pliée, représ. le grand carrousel exécuté sur la Place-Royale,
se trouve dans notre exemplaire.

110. Le héraut d'armes des Pays-Bas, ou Traité des blasons et armoi-
ries de la bonne noblesse, par Thomas de Rouck. (*Texte en hollandais.*)
Amsterdam, J. Janssen, 1645, in-fol. fig. de costumes et blasons, vél.

111. Statuts de l'ordre de l'Aigle rouge. *Bayreuth*, 1735, fig. de costumes, pet. in-fol. n. rel.

112. Constitutiones insignis ordinis equitum S. Stephani. *Viennæ*,
1764, in-fol. maroq. rouge, dent. tr. dor. (Anc. rel.)
Jolies figures de costumes. Dans le même volume se trouve l'édition allemande avec
les mêmes planches.

113. Duello de lo excellentissimo M. Andrea Alciato. — Tre consigli
appresso de la materia medesima. *Bologna*, 1545, pet. in-4, cart.

114. Escrime. Di M. Camillo Agrippa trattato di scienza d'arme, et un
dialogo in detta materia. *Venetia*, 1568, pet. in-4, fig. en taille-douce,
parch.

115. Hippocomice. Kunstlicher Bericht, etc. Description et manière de
dresser les chevaux, publiée par Fayser le jeune. *Augspurg, Manger*,
1580, in-fol. peau de truie gaufr.

Première édition, d'une grande rareté. (Voyez Becker, Monographie des œuvres
de J. Amman.) Elle contient un grand nombre de jolies figures sur bois, représ. des
costumes, cavaliers, combats, etc., et gravées sur les dessins de Josse Amman.
Bel exempl. dans sa riche reliure originale.

116. Escrime. New kuenstlich Fecht-Buch. (Méthode nouvelle d'escrime, par Heusler.) *Nurnberg*, 1615, 232 pages, fig. à l'eau-forte, bas. tr. dor. (Rel. orig.)

> Ouvrage contenant un grand nombre de planches gravées à l'eau-forte. — On trouve dans le même volume : le Traité de Fabri sur l'escrime arrangé à la française, *Nurnberg*, 1615, et une autre collection d'eaux-fortes sur l'escrime à l'épée et au manteau.

117. Aalamodische Ritterliche Fechtkunst (Escrime à la française), par A. Doyle aus Irland. *Nurnberg*, 1715, in-4 obl., 59 pl. cart.

118. P. Sardi gruendtlicher Bericht von fortification. *Franckfurt*, 1626, 2 part., fig. — Kriegs-und Archeley-Kunst durch Hier. Ruscellum. *Franckfurt*, 1625, 2 part. — Règle militaire du chevalier frère Loys de Melzo, de l'ordre de Malte, sur le gouvernement et service particulier et propre à la cavalerie. *Francfort*, 1625, fig. — Armamentarium principale. *Franckf.*, 1625. — 6 vol. en 1 in-fol., vél.

> Grand nombre de gravures en taille-douce, armes, armures, exercices, etc., par De Bry et autres.

119. Exercices de cavalerie. *J.-D. Gheyn inventor, J. C. Visscher excudit*, 1640, in-fol. obl. 22 planches, cart.

> Exemplaire complet, avec marges, de cette suite très rare et qui donne de jolis costumes militaires. Sur le titre on trouve 3 vers latins de H. Grotius à la louange de l'ouvrage.

120. Description du manége moderne dans sa perfection, par le baron d'Eisenberg. *S. l.*, 1727, gr. in-fol. obl., 60 planches grav. par B. Picart, maroq. bleu, large dent. tr. dor.

> Belle reliure originale.
> Exemplaire en très grand papier, ayant appartenu au roi Georges II d'Angleterre, avec ses armes et initiales sur les plats et les emblèmes royaux répétés dans la dentelle. Brunet ne cite pas des exempl. en grand papier.

121. Les Patriciens d'Augsbourg. *Strasbourg*, s. d. (1538), in-fol. cart.

> La plus belle et la plus rare édition, contenant 108 belles gravures sur bois par Chr. Widitz, dont le monogramme C.W. se trouve plusieurs fois. Ces gravures, représentant les patriciens debout et en pleine armure et avec leurs armoiries (coloriées), ont été copiées plus tard par J. Amman.

122. Patriciarum stirpium in S. urbe Augusta Vindelic. quarum quædam, a IV et ultra seculis hucusque superstites, Raph. Custodis exc. *Augspurg, G. Mang*, 1613, in-4, vél. à comp. 122 planches, chevaliers à cheval en toute armure.

123. Livre de tournois. 5 grands et beaux dessins coloriés dans le genre de *Virgilius Solis*. La première peinture représente Albert, empereur romain, et Rupert, roi de Pologne et Bohème. — 6 grands dessins à l'encre de Chine, représ. les empereurs d'Allemagne en pleine armure. Ces dessins sont dans le genre de *Josse Amman*. — In-fol. vél.

> Les 5 premiers dessins sont surtout remarquables sous le rapport des armures et costumes.
> Le dernier chevalier représenté est Conrath Haller.

124. Nicolai. Plusieurs descriptions des accoustrements, tant des magistrats et officiers de la Porte de l'Empereur des Turcs que des peuples assujettis à son empire. *S. l. n. d.* (vers 1580), in-fol. cart.

> 62 planches de costumes, grav. en taille-douce. Quelques raccommodages.

125. Discorsi di Pietro Paolo Magni, Piacentino, intorno al sanguinar a' corpi humani, etc., Adam sculp. *Roma*, 1584, 11 gravures en taille-douce, pet. in-4, vél.

> Costumes de l'époque.

30 —   126. **Stirpium** insignium nobilitatis, tum etiam sodalium memoriale, singulari studio collectum et splendidis æri insculptis imaginibus exornatum. *Impensis Lud. Regii Basiliensis*, (vers 1602,) in-4 obl. cart.

> Curieux et amusant recueil de 60 planches de costumes, de scènes de la vie des étudiants, etc., en général grav. par Crispin de Pas.

28 —   127. **Costumes** suédois et danois. 76 pièces in-4 obl. du commencement de ce siècle, maroq. violet à compart.

> Ce recueil, très bien exécuté et colorié, commence par 12 *peintures à l'aquarelle.* (*Originaux.*)

10 —   128. **Nouveau recueil** des troupes légères de France levées depuis la présente guerre, avec la date de leur création. Dess. et grav. par Babel, Aveline, de la Rue, Boucher. *Paris, Chereau*, 1747, 2 ff. prél. et 12 planches in-fol.

8 —   129. **Divers dessins** de figures, costumes, etc., par Le Clerc. *Paris, Langlois*, 1679, 36 planches, dont 2 coloriées, in-8 obl. bas.

10 —   130. **Trattato secondo** del Ballarino di M. Fabritio Caroso da Sermoneta. *Venetia, Ziletti*, 1581, in-4, musique notée, cart.

> C'est cette partie qui contient les jolies planches de costumes grav. en taille-douce par Giacomo Franco.

6 —   131. **Choréographie**, par Feuillet et Dezais. *Paris, Dezais*, 1713. — Recueil de danses composées par M. Pecour, pensionnaire des Menus-Plaisirs. *Paris, chez l'auteur*, 1709. — 2 vol. en 1, in-4, cart.

3 —   132. **The Dancing-Master.** Or direction for dancing country dances, with the tunes of each dance, for the treble-violin. *London, Pearson*, 1713, in-8 obl. bas.

12 —   133. **Le maître à danser,** qui enseigne la manière de faire les différens pas de la danse dans toute la régularité de l'art, et de conduire le bras à chaque pas, par le sieur Rameau. *Paris, J. Villette*, 1725, in-8, fig. d.-rel.

> Volume rare, qui contient un grand nombre de planches gravées par l'auteur lui-même. La grande gravure pliée est montée.

14 —   134. **Thierbuch.** C'est-à-dire : le livre des animaux, par J. Amman, avec texte en allemand par G. Schaller. *Francfort, Feyerabend*, 1592, in-4, d.-rel.

> 100 belles gravures sur bois, dont plusieurs portent le monogramme du maître.

26 —   135. **Scènes de chasse**, par Ant. Tempesta. *Paris, Vivot*, 1621, in-fol. obl. 9 planches, cart.

> Suite rare; épreuves avant la lettre et les numéros.

33 —   136. **Ridinger.** Die von verschidenen Arthen der Hunden behaezte jagtbare Thière. (Les animaux dont on fait la chasse avec les chiens..., par J. E. Ridinger.) *Augsbourg*, 1761, gr. in-fol., 22 planches, cart. non rogn.

> Suite complète, anciennes épreuves.

55 —   137. **Le même recueil.** *Augsbourg*, 1761, in-fol. d.-rel.

> Anciennes épreuves. On a ajouté 8 planches, savoir : La curée du cerf et du lièvre, 2 pl. — Chiens arrêtant des cailles, perdrix, faisans, lièvres, 4 pl. — La chasse du cerf et du sanglier aux chiens courants, 2 planches.

4 —   138. **Tabacologia**, hoc est, Tabaci seu Nicotianæ descriptio, per J. Néandrum. *Lugduni Batav., Isaac Elzevier*, 1626. — Hymnus Tabaci, autore R. Thorio. *Lugd. Bat., typis Isaaci Elzevirii*, 1628, 2 vol. en 1 in-4, vél.

> Moyses van Brouck (ou uiten Brouck), artiste distingué, mais peu connu, a gravé les belles eaux-fortes qui se trouvent dans le premier ouvrage.

139. Jud Suess Oppenheimer. 27 pièces (canards), gr. in-fol., in-4 et in-8, sur l'exécution de l'ancien conseiller aux finances en Wurtemberg, pendu à Stuttgart le 4 fév. 1738.

> Collection unique. *Suess Oppenheimer* était un homme de finance dans le genre de Law. Il menait grand train, avait plusieurs maîtresses (dont on trouve les portraits dans la collection), était très considéré pendant son pouvoir et se faisait beaucoup d'ennemis qui le perdaient.

140. Enterrement de S. A. le duc Charles de Lorraine, 3e de son nom. — Les planches suivantes : Deux planches représ. les chapelles ardentes, en hauteur. — Deux autres représ. des chevaux, avec un texte imprimé, marquées + 5 et 6, avec un texte à l'adresse de *Garnich*. — 8 planches chiffrées 1 à 8, comment le duc Henry II va à l'église. — Enterrement, les planches 1, 2, 5 jusqu'à 26, 29, 30, 33 jusqu'à 44. Gr. in-fol.

> Belles épreuves.
> Une partie des planches portent la souscription : « Frid. Brentel fecit, perspectiva per Joann. La Hire. — Herman de Loye excudit. »

141. Description des reliques, vases sacrés, objets d'orfèvrerie, qui se trouvaient au commencement de la réforme et du temps du docteur M. Luther dans le trésor de l'église du château de Wittenberg, et à la cathédrale de Halle. Gravures en bois, avec un texte en allemand. *Wittemberg*, 1618, pet. in-4, cart.

> Seconde édition, encore très rare, d'un ouvrage célèbre.

142. LONDRES et ANGLETERRE. Collection de plus de 200 pièces rares en partie, du plus grand format, gravées de 1650 à 1750.

> Beaucoup de plans de Londres, dont quelques-uns ont 120 à 160 centimètres de longueur. Celui de 1725 est imprimé sur SATIN.
> On trouve dans cette collection unique et des *plus précieuses* beaucoup de vues de châteaux, d'édifices, etc., extrêmement rares.

II. *Plans, Vues.*

143. Plan de Paris, grav. dans le genre de Du Cerceau, mais du temps de Henry IV. 2 ff. in-fol., incompl.

144. —— Gr. in-fol., avec un texte gravé, commenç. : Paris pour vray est la maisô royale.

145. —— grav. par Bertelli. *Venetia*, vers 1590, avec lég. en italien, in-4.

146. Le plan de la ville et des faubourgs de Paris, avec la description de son antiquité. Hauteur 55 centr., largeur 74.

> Avec le portr. de la Reine Mère et de jolis costumes à l'eau-forte.

147. Plan de Paris. *Paris, Jollain*, 1666. Avec légende imprimée en car. mobiles. Hauteur 97 centim., largeur 63.

148. —— par de Fer. 1707. Hauteur 55 centim., largeur 75.

149. —— *Paris, Lattré.* Hauteur 57 centim., largeur 78.

150. —— avec légende grav. *Paris, Gervais*, 1715. Hauteur 80 centim., largeur 1 m. 2 cent.

151. —— de Builet. 1712. Collé sur toile. Longueur 2 mèt., hauteur 2 m.

152. —— par le sieur Roussel. Collé sur toile, avec rouleaux en bois. Hauteur 1 mèt. 45 cent., largeur 1 mèt. 90 cent.

153. **Plan de la ville** et des fauxbourgs de Paris, par Gaspar de Bailleul, entouré de vues, avec légende gravée. Hauteur 1 mèt. 4 cent.; largeur 1 mèt. 50 cent.

154. **Carte topographique** des environs et du plan de Paris, par Delagrive. S. l., 1739, color. Hauteur 50 cent., largeur 60 cent.

155. **Carte de France** entourée de costumes et de vues. 1632. Paris, Lyon, Poitiers, etc. — Carte de Hollande et de Flandre, formant un Lion. *Amsterdam*, 1656, 2 ff. très gr. in-fol.

156. **Trois grandes cartes** de la France. 1643, 1675, 1685. Longueur 85 cent., hauteur 60 cent.

> La carte gravée en 1643 contient une jolie vue de Paris.

157. **Paris**. Vue perspective de la chapelle des Enfants-Trouvés de Paris. Peinte par Natoire, dess. par Aubin, gravée par Fessard en 1769. Hauteur 80 centim., largeur 61 contim.

> Elévation et décoration du nouveau maître-autel de Saint-Jean-en-Grève. Blondel inven. et sculps. 1724. Gr. in-fol.

158. ——Veue en perspective de l'élévation de l'Hôtel des invalides prise de la cour de la Reine. (Par le Pautre.) Hauteur 113 centimètres, largeur 77 centim.

159. ——Quinze vues de parties de Paris, par Aveline et autres, 15 planches gr. in-fol., entre autres la place des Victoires. *Paris, Nolin*, 1686, 2 états differents.

160. ——Collection considérable de pièces anciennes sur Paris, vues, plans, etc. La plupart gr. in-fol.

161. ——La maquerelle punie, avec la vue de l'Hôtel de Ville de Paris et de la place de la Grève, 1756. Grav. par Burin. In-4 obl.

162. ——Représentation de la rue de Quincampoix à Paris. (Avec le portrait de Law.) *Nurnberg, Weigel*, vers 1730, gr. in-fol.

> Planche très rare.

163. **Saint-Germain**. Portrait des chasteaux de Sainct-Germain-en-Laye. Michel l'Asne sculp.

> Hauteur 85 cent., largeur 56.

164. **Versailles**. Vue du château et des jardins de Versailles du côté de l'Orangerie, dédié au duc d'Antin par son serviteur Dumas, et se vend à Paris chez Simonneau.

> Grand plan collé sur toile ; largeur 1 mètre 55 cent., hauteur 50 centim.

165. ——Plan de Versailles, par Pierre le Pautre, architecte et graveur ordinaire du roi. *Paris*, 1717. Hauteur 80 cent., largeur un mètre 20 centim.

166. **Veues de Versailles**. Augsb. Ulr. Krauss. 32 planches in-12 obl. collées sur une feuille.

167. **Versailles**. Soixante-dix planches très grand in-fol. sur Versailles, par le Pautre, Aveline et autres.

168. **Vues des environs de Paris**, par le Bas, in-fol. obl., 6 pl., dont 4 avant la lettre, in-fol. obl. — Tombeau de de Thou. — Costume par Thelott. In-4.

169. **Aveline**. Meudon (2 états différ.). — Chantilly (2 états différ.). — Trianon. — Saint-Germain (2 états différ.). — 7 pl. gr. in-fol.

170. **Ruel**. Veues de Ruel, Israel Silvestre delin., Perelle sculp. 12 pl. pet. in-4 obl.

171. Brunoy. Vue des caux de Brunoy, Gravelot del., Chauffard sculps. 1763, gr. in-fol.

172. Aveline. Chambord (2 états). — Vincennes. — Vincennes, 1650 (avec l'arrestation de Condé). —Charenton, par le Bas. — 5 planches gr. in-fol.

173. Fontainebleau, 2 planches très gr. in-fol., dédiées à Maria Lesczinska. Eau-forte avec l'addr. de Charpentier, planche terminée avec l'add. d'Aveline.— Une autre vue de Silvestre. — Une autre de Danckerts. — 4 pl. gr. in-fol.

174. Vaux. Veue et perspective de Vaux-le-Vicomte du costé du jardin. Isr. Silvestre sculps. Très-grand in-fol. obl. (Voir le lot de Perelle et autres.)

On trouvera beaucoup de vues de ce château dans la collection *Perelle-Silvestre.*

VILLES DE FRANCE.

Plans de la collection Braun et Hoghenberg,
gravée vers 1570.

175. **Alger.** Gr. in-fol.

176. **Arras.** Gr. in-fol. et in-fol. obl. 2 planches color.

177. **Avignon.** Gr. in-fol.

178. **Autun.** In-fol.

179. **Béthune.** Gr. in-fol.

180. **Besançon.** Gr. in-fol.

181. **Blammont** en Lorraine. Gr. in-fol.

182. **Calais.** Gr. in-fol.

183. **Douai.** Gr. in-fol.

184. **Dunkerque.** In-fol. obl.

185. **Lille.** Gr. in-fol.

186. **Marseille.** Gr. in-fol.

187. **Metz.** Gr. in-fol.

188. **Nevers.** In-fol.

189. **Saint-Omer.** Gr. in-fol.

190. **Strasbourg.** Gr. in-fol.

191. **Valenciennes.** Gr. in-fol.

---

192. **Lyon.** Grand plan de Lyon, longueur 1 mèt. 55 cent., hauteur 65 c., avec légende imprimée.

Bel exempl. d'un plan rarissime, dédié par le sieur Maupin à M. d'Halainçourt. Ce plan, entouré d'une légende imprimée en caract. mobiles, porte les indications suivantes : Abr. Valerius, præf. Lugd., p. 1625.— D. V. Velthem fec.

Editeurs, Claude Savary et Bart. Gaultier, 1630, 10 feuilles gr. in-fol., collées en placard.

193. **Lyon**. Plan de la ville de Lyon. A. Bosse fecit. Entouré d'une légende imprimée en caract. mobiles. In-fol. obl.

> Mêmes éditeurs que ceux du plan précédent. On a ajouté un autre plan de Lyon de la même époque, in-fol. obl.

194. —— Portraict du magnifique bastiment de l'hospital de la Charité de la ville de Lyon. Avec légende gravée sur cuivre.

> Très grand in-folio.

195. —— Façade de l'hôtel de ville de Lyon, 2 planches très gr. in-fol. : l'une par Poilly, 1706 ; l'autre grav. par Houal, 1721.

196. —— Description de l'horloge que MM. les comtes de Lyon ont fait faire dans l'église de Saint-Jean. 1660, in-fol. max. avec légende gravée.

197. **Bordeaux**. Fronton de la place Royale. Fessard sculps. — Place Bourgogne. — Place Royale. — 2 vues de Bordeaux par le chev. De Bassemon. — 4 pl. gr. in-fol. et une in-4 obl.

198. **Marseille**. Dix vues de Marseille, dont 7 gr. in-fol., par Merian, Isr. Silvestre, C. Visscher, Leizelt.

199. **Vues de Pignerol**, de Pont-Saint-Esprit de Mondragon. XVIIᵉ siècle. 2 pl. gr. in-fol.

200. **La Rochelle**. Plan de la ville et des environs de La Rochelle, desseigné par le sieur du Carlo, 1628, achevé de graver le 26 avril 1628 par Melchior Tavernier, grav. et imprimeur du roy pour les tailles-douces.

> Raccommodé. Hauteur 85 centim. ; largeur 78 centim.

202. —— Portraict au vray de la ville de La Rochelle. *Amsterdam, Visscher,* 1628. Avec légende imprimée en caract. mobiles. Très gr. in-fol.

203. —— Plan de La Rochelle, par Braun et Hoghenberg, vers 1560. Gr. in-fol. colorié.

204. **Estampe** du tableau trouvé dans l'église des ci-devant soi-disans Jésuistes de Billom, en Auvergne, le 15 juillet 1763. Hauteur 44 cent., largeur 82 cent. Pièce satyrique.

205. **Plan de Chambéry**. C. D. er. fe. Hauteur 46 cent., largeur 58 c.

206. **Statue** équestre de bronze représ. la personne du roi, ordonnée par les États de Bretagne, et grav. par Thomassin, 1699. Gr. in-fol.

207. **Vues de Normandie** Hackert pinx. 5 pl. in-4 obl. — Vues des ports de Bretagne et de Normandie. Ozanne del. Gabriel, Testelin, Canali, sculps. 1776. — 20 planches gr. in-4 obl. En tout 25 vues.

208. **Nord**. Veue de la ville d'Ardres, du costé de Calais, dessigné sur le naturel pour le Roy très chrestien par Van der Meulen. Se distribue à Paris par l'auteur, en l'hostel des manufactures royales dit des Gobelins, et en la rue Saint-Jacques. Hauteur 52 cent., largeur 80 cent.

209. **Nancy**. Grand plan de Nancy, gravé par Belprey en 1754.

> Hauteur 80 cent., largeur 1 mètre 20 cent.

210. —— Douze planches in-4 obl. représ. des vues de Nancy, dont onze par Israël Silvestre, avant les numéros, à toutes marges, et un plan de Nancy du 17ᵉ siècle.

211. **Verdun**. Vue et perspective de la ville et citadelle de Verdun. Dess. et gravé par I. Sylvestre, 1669. 2 pl. gr. in-fol.

212. Franche-Comté. Description de Besançon, Metz, Toul, Verdun, Lorraine, Savoie, etc. (avec texte allem.). *Francfort*, s. d., in-fol. cart.
Vues et plans de Metz, Nancy, Bar-le-Duc, etc., grav. par Merian.

213. Besançon. Vue du pont de Besançon et de l'arc de triomphe nouuellement détruite. — Vue de l'intendance de Besançon. Ebner sc. — 2 pl. gr. in-4, en bistre.

214. Alsace. Cartes de l'Alsace, par Mercator, 80 cent. de longueur; — par Sandrart, 1 m. 20 de longueur; — par Michal, 1 m. 70 de longueur; — par Homan, 1 m. 60 de longueur ; — et deux autres.
Collection curieuse.

215. Strasbourg. Douze grands plans et vues de Strasbourg, 1660, 1682, 1683, 1735. — Une de ces grandes vues a un mètre de longueur.

216.—— Sept vues, extérieur et intérieur de la cathédrale de Strasbourg, par J. ab Heyden, 1268 ; Abraham Aubry, Isaac Braun, 1630. 7 planches in-fol. maximo.

217.—— Huit planches (dont deux doubles), vues de la cathédrale, de l'horloge, de l'autel de Strasbourg, grav. par J. Braun en 1617. Pet. in-fol.

218.—— Seize portr. in-fol., in-4 et in-8, grav. sur cuivre par Kilian, Seupel, Aubry, Braun, de Heyden, etc., repres. des maires et échevins de la ville de Strasbourg.

PLANS DE VILLES D'ANGLETERRE

Gravés vers 1570, de la collection de Braun et Hoghenberg.

219. London, gr. in-fol.

220. Bristol, gr. in-fol.

221. Cambridge, gr. in-fol.

222. Chester, gr. in-fol. Deux épreuves, dont une color.

223. Edinburg, gr. in-fol. Deux épreuves, dont une color.

224. Norwich, gr. in-fol.

225. Oxford, in-fol. obl.

226. Windsor, in-fol. obl.

---

227. Grand plan d'Anvers, depingebat Georg. Hœfnagel, composé de 2 planches gr. in-fol. Hauteur 45 cent., largeur 80 cent.

228. Le grand plan d'Amsterdam par Philippus Malevlit et Balthasar de Berkenrode, 1625, collé sur toile. Hauteur 1 mètre 34 cent., largeur 1 mètre 62 cent., collé sur toile avec des rouleaux en bois.
Très rare.

229.—— par Mortier, publ. en 4 feuilles. Hauteur 98 cent., largeur 1 mètre 10 cent.

230. Plans italiens d'un très-grand format, gravés vers 1570. Matteo Florini form. in Siena. — Siena, Florence, Ferrara, Parma, Milano, Orvieto, Loretto, Perusia, Pavia, Mantova, Palma, Ancona. — 12 planches.

231. **Le grand plan de Nuremberg** et des environs, gravé par Glockendon.

> Bel exempl. (en ancien tirage) d'un plan rarissime gravé en bois. Cette carte *ronde*, d'un diamètre de 90 centimètres, est des plus remarquables ; elle fait époque dans l'histoire de la cartographie. On n'en connaît que quelques exempl.

232. **Nurnberg.** Grande carte des environs de Nuremberg, composée de quatre feuilles collées ensemble.

> Cette carte, gravée en bois en 1559, est des plus remarquables. Hauteur 70 centim., largeur 70 centim.

233. **Norenberga.** Vue de la ville de Nurnberg, dess. par Hœfnagel et grav. par Braun vers 1570. Grande planche in-fol., entourée de cost. color.

234. **Beau plan de Jérusalem**, par Chr. Adrichom, gravé sur cuivre. *Coloniæ*, 1584. Hauteur 54 cent., largeur 75 cent. — Vue de Jérusalem. Probst excud. *Aug. Vindel.* Longueur 1 mètre.

235. **S. Jago.** Plan de la ville de Saint-Jacques, située sur une des îles Vertes, aux côtes de l'Afrique. Grande gravure du XVIe siècle, avec une légende imprimée.

236. **Artistes.** Soixante-douze portraits d'artistes, par Wierx et Hondius, en partie en différ. états. In-4.

237. **Architectes.** Quinze portraits d'architectes, la plupart gr. in-fol., par Masson, Simonneau, Lenfant, Pontius et autres.

238. **Sculpteurs.** Vingt-six portraits de sculpteurs, en partie gr. in-fol., et gravés par Drevet, Vosterman, Duchange, Kneller, Wolff, Cochin, de Jode, Poilly, Dupuys, Larmessin.

239. **Médailleurs.** Trente-cinq portraits de graveurs de médailles, graveurs en pierre fine, ciseleurs, entre autres le beau portrait de J. Rœttiers, grav. par Vermeulen.

240. **Orfévres.** Quarante-quatre portraits d'orfévres et émailleurs, différ. formats.

241. **Calligraphes.** Dix-sept portraits de calligraphes, différ. formats.

242. **Amateurs.** Quatre portraits de directeurs de musées, gr. in-fol. — Félibien, par Drevet. — De Cotte, par Trouvain. — N. de Launay, par Chereau. — Martin de Charmois, par Simonneau.

Les lots pourraient être détaillés au gré du vendeur.

3412 — Paris, imp. de Ch. Jouaust, rue Saint-Honoré, 338.